1

Guida Al Tatuaggio

Vera - Personalized Tattoo

Le Basi - Parte 1

Ad Attilio
E alla mia famiglia
I miei pilastri

Sommario

Argomenti Trattati

Gli argomenti sono trattati seguendo le fasi che ognuno, volendo intraprendere il percorso di tatuatore, è costretto a seguire nell'ordine indicato.
Ciò per facilitare l'apprendimento graduale degli argomenti.
In questa prima parte parleremo di:

- Requisiti personali
- Come iniziare
- Tatuare a casa
- La macchinetta - come impugnarla
- L'alimentatore
- Pelle sintetica e cotica
- Da quale disegno iniziare
- La grandezza del disegno - come modificare il disegno
- Creare lo stencil - carta ectografica
- Applicare lo stencil
- Prodotti disinfettanti e pulenti
- Aghi e puntali
- Montare la macchinetta
- Regolare la macchinetta - a bobine

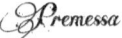

Premessa

Il mondo del tatuaggio è difficile da esplorare. Pochi lo permettono e molti ne chiudono le porte. Le informazioni che si possono trovare non sembrano mai del tutto sufficienti a colmare quello che c'è da sapere o, comunque, sono reperibili a spezzoni su fonti diverse.
Il mio obiettivo è quello di riassumere in un unico luogo tutto il sapere riguardante il tatuaggio.
Vero è che la pratica sarà la parte più importante e formativa del percorso ma, senza le basi, è difficile iniziare.
Fidati di me e ti spiegherò, passo per passo, ogni sfaccettatura di questo affascinante mondo.

Per me, agli albori della mia professione da tatuatrice, è stato molto difficile scoprire quali sono le tecniche e quali i prodotti per una buona esecuzione del tatuaggio. Posso affermare di aver imparato tutto autonomamente e di continuare ad apprendere giorno dopo giorno. Il percorso è lungo, tortuoso e difficile.

Ho fatto tutto molto velocemente. Nel giro di un anno ho aperto uno studio che, a detta dei clienti, vanta professionalità, pulizia, disponibilità e serietà.
Mi è stato possibile per la costante presenza al mio fianco di una persona che, attualmente, è lo Shop Manager dello studio. Una persona che, essendo sempre stata immersa nel mondo del commercio, mi ha guidato e tuttora mi guida in questa parte del percorso.

In questa guida leggerai ciò che ti serve sapere per fare il primo passo in un mondo che è in continua espansione e che sin dai tempi più remoti ha affascinato intere popolazioni.

La cosa principale di cui devi essere consapevole è che, se non oggi sarà domani, dovrai seguire un corso regionale di formazione professionale come operatore di tatuaggi e piercing, prima di mettere ago su pelle umana!

La Tua Premessa

Eseguire un tatuaggio è un'azione di grande responsabilità.

Non è come offrire un più comune servizio estetico che, in caso di errore, è risolvibile con il tempo. Se si esegue un taglio di capelli sbagliato, questi ricresceranno. Se si applica in modo scorretto del gel sulle unghie, la cosa è rimediabile. Se si provoca un eritema con della cera troppo calda, la pelle guarirà. Se si traccia una linea sbagliata su pelle con una macchinetta per tatuare, l'errore può essere irrimediabile. Ho usato "può essere" perché, a volte, è possibile rimediare all'errore ma ne parleremo nel capitolo dedicato.

Ho sentito molte volte dire "Ormai chiunque si butta nel mondo del tatuaggio", anche non sapendo tenere una matita in mano, "perché i guadagni sono ottimi".

Le entrate economiche saranno ottime nel momento in cui le persone inizieranno a fidarsi del tatuatore e questo accadrà solo se il margine di errore da parte di questi sarà bassissimo, se il luogo in cui sorgerà lo studio sarà adeguato e se si riesce ad impostare l'attività in una certa maniera.

Si pensa ci sia un grande guadagno perché per il cliente i costi di un tatuaggio sono più o meno alti ma è pur vero che il tatto è visto come un bene di lusso e dunque l'affluenza all'interno di uno studio di tatuaggi non sarà come quella in un supermercato o all'interno di un'attività di beni di prima necessità.

In conclusione, se vuoi fare il primo passo nel mondo del tatuaggio solo per una questione economica, ti consiglio di scegliere un'altra strada. Se tatuare è la tua passione, o pensi che possa diventare tale, non perdere l'occasione di provare a fare successo in questo campo. Ci vorrà più o meno tempo in base a tante circostanze ma quando si vuole davvero una cosa prima o poi la si realizza.

Introduzione

Nella mia premessa ti ho chiesto di fidarti di me, perciò ti racconterò in breve chi sono.

Ho studiato all'Accademia Di Belle Arti, conseguendo una laurea di primo livello (o diploma, come lo si preferisce chiamare) in Scenografia. Ho quindi frequentato e portato a termine i primi tre anni. Gli altri due, facoltativi, ho deciso di evitarli per svariati motivi tra cui gli argomenti trattati, il troppo tempo che sarebbe trascorso ed il poco interesse da parte mia verso il traguardo che avrei raggiunto.

Tra gli svariati mestieri che ho sempre fatto per avere sempre una mia entrata economica personale, ce ne fu uno particolare ed inerente a ciò che faccio adesso. Mettevo su carta, per un tatuatore, i desideri dei suoi clienti. In pratica io disegnavo ciò che i clienti volevano rappresentare e il tatuatore trascriveva l'illustrazione su pelle.

Successivamente, la vita ha fatto sì che le strade di due persone si incontrassero diventando un unico enorme e maestoso viale. Insieme a quello che è attualmente il mio socio, ho aperto in pochi mesi uno studio di tatuaggi. Ovviamente ho seguito il famoso corso di formazione professionale ed ora appeso al muro c'è il sudato attestato.

Tutto nacque quando il mio socio, la mia guida, vedendo i miei disegni insistette perché acquistassi un kit per tatuare. Trovai in rete una valigetta a poco prezzo completa di tutto che, nel giro di pochi giorni, mi fu recapitata direttamente a casa. Ho fatto un unico tatuaggio sulla cotica, la pelle di maiale su cui ci si esercita quando si è alle prime armi. La maggior parte del tempo la trascorrevo cercando di capire quale fosse la procedura corretta di esecuzione, dallo stencil al funzionamento della macchinetta. Inizialmente mi scoraggiai rendendomi conto che senza qualcuno che mi insegnasse sarebbe stato difficilissimo. Dopo settimane trascorse a riflettere più che ad eseguire, mi trovai a imprimere il mio primo tatuaggio sulla pelle del mio socio, dietro sua insistenza. Durante l'esecuzione cancellai per sbaglio lo stencil e dovetti continuare ad occhio. Il risultato finale fu così sorprendente che decidemmo subito di darci da fare per aprire uno studio.

Tempo un anno e, con le nostre sole forze, abbiamo costruito il nostro piccolo impero.

Abbiamo rischiato molto perché quel tatuaggio e i successivi, seppur venuti molto bene, potevano anche essere solo 'fortuna del principiante'.
Più trascorse il tempo e più potemmo dire che così non era.

Requisiti Personali

Per quanto è importante possedere tutti i requisiti richiesti dalla legge, altrettanto di rilievo sono i requisiti personali. Tali caratteristiche devono venire prima di tutto.

Un tatuatore è una persona innanzitutto dotata di immensa pazienza. Un cliente va seguito dal momento in cui ci si ha a che fare la prima volta, fino alla fase post tattoo, ovvero quando il disegno su pelle sarà guarito.
Talvolta si continueranno ad avere contatti con un cliente per ripassi futuri sullo stesso tatuaggio o aggiunte.

Un tatuatore può non saper disegnare o non saper creare disegni digitali. In caso di assenza di entrambe le capacità, sarà ovviamente limitato nel creare tatuaggi personalizzati e quindi nel soddisfare tutte le richieste. In questo caso è bene appoggiarsi ad uno studio dove siano presenti più tatuatori in grado di soddisfare anche le richieste più strane. In questo modo un tatuatore che non sia in grado di creare un disegno su carta si limiterà ad eseguire tatuaggi prestampati.
Nel caso in cui non si sappia utilizzare la tecnologia a sufficienza da poter disegnare digitalmente, niente paura, esistono ancora matite e fogli.

Un tatuatore ha a disposizione tutto il tempo che desidera. Durante l'esecuzione di un tatuaggio non bisogna essere frettolosi e, se il cliente ha altro da fare, è liberissimo di alzarsi e andare via richiedendo una seconda seduta. Questo è un punto su cui desidero che ci si soffermi a sufficienza. Anche per me è facile dire "Va con calma!" ma, quando ci si trova in una situazione nella quale un'altra persona porta fretta, certe volte è difficile restare sui propri passi. Bisogna tenere costantemente in mente i propri principi inerenti al proprio lavoro. La calma, la tranquillità e la pazienza sono i fondamentali.
Se il cliente, durante l'esecuzione del tatuaggio, guarda di continuo l'ora o ripetutamente domanda quanto tempo ci voglia, la risposta sarà sempre la stessa "Ci vuole il tempo necessario".

Un Salto Nella Storia

Per intraprendere un percorso in un mondo che, inizialmente, non ci appartiene, è bello ed utile conoscerne la storia.

Innanzitutto c'è da apprendere come è nata la parola che indica questa forma d'arte.
Nel 1769, il capitano James Cook approdò a Tahiti osservando e annotando le usanze della popolazione locale. Trascrisse nei suoi diari di viaggio, per la prima volta, la parola Tattow. Tale parola era semplicemente la trascrizione di un rumore prodotto dal picchiettare del legno sull'ago per bucare la pelle, "tau-tau".
James Cook non poteva sapere, però, che quella pratica, o qualcosa di simile, esisteva da tempi ancora più remoti.

La testimonianza dell'esistenza di una più antica forma di tatuaggio risale al 1991 quando, il 19 settembre, una coppia tedesca impegnata in un'escursione sulle alpi Otzalet al confine italo-austriaco, rinvenne un corpo congelato e ottimamente conservato di un uomo che si ritiene essere vissuto circa 5300 anni fa, durante l'inizio dell'età del Rame.
Su varie parti del corpo dell'Uomo del Similaun, soprannominato Otzi, sono ancora visibili linee scure ottenute, secondo gli studi, sfregando carbone polverizzato su incisioni verticali praticate nella cute (alcune fonti ritengono possa essere stato utilizzato del sangue anziché del carbone). I raggi X però hanno rilevato degenerazioni ossee in corrispondenza di questi tagli quindi si pensa che gli abitanti di quella zona attuassero questa pratica a scopo terapeutico per lenire i dolori.
I segni presenti sul corpo di quello che si pensa essere stato un pastore sono 61. Inizialmente ne fu mappato un numero variabile che oscillava tra 49 e 57. La difficoltà nel calcolo derivava dal fatto che molti segni, tra cui puntini e crocette, sono difficili da individuare ad occhio nudo perché collocati in profondità nella cute e a causa dello stato di deterioramento della pelle.

Come sopra detto, si pensa che le incisioni praticate, poste in prossimità delle articolazioni, avessero scopo terapeutico ma è anche vero che, durante gli ultimi studi, è venuto alla luce un disegno sul petto, zona apparentemente sana, che riapre il dibattito sull'esistenza dei tatuaggi già in epoca così remota.

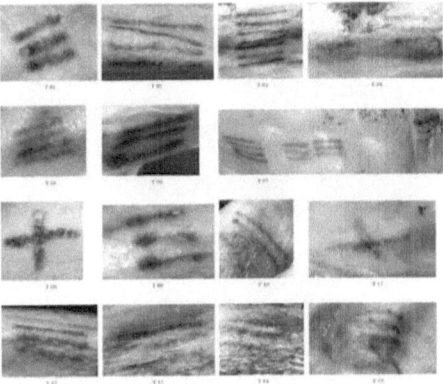

L'immagine rappresenta alcuni tatuaggi dell'Uomo del Similaun.

Con il passare del tempo il tatuaggio ha assunto altre valenze.

Le pitture funerarie dell'antico Egitto mostrano tatuaggi sui corpi delle danzatrici.

A tale proposito, analisi sui corpi di due mummie hanno evidenziato la presenza di disegni tatuati. Le mummie, un uomo e una donna, appartengono ad una collezione di sei al British Museum, conosciute come mummie di Gebelein.

Entrambi gli individui vissero tra il 3351 e il 3017, particolare che fa di questi tatuaggi i più antichi conosciuti nell'antico Egitto.

A differenza dei tatuaggi di Otzi che mostrano tratti geometrici, quelli delle due mummie egizie sono il primo esempio di tatuaggio figurativo.

Ciò che inizialmente, presente sul corpo del maschio, era sembrato una macchia è stato riesaminato rivelando le immagini di un toro selvatico e di una capra berbera o muflone africano.

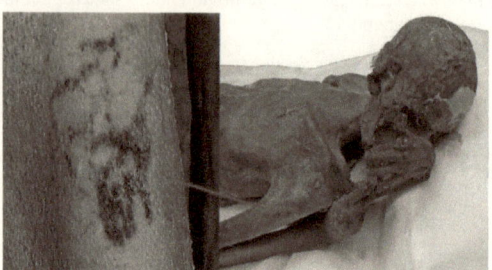

Il corpo della donna presenta invece quattro simboli a forma di "S" sulla parte superiore della spalla e una linea a forma di "L" sul braccio, che gli archeologi ritengono possa essere un bastone di legno o una stampella.
Su entrambi i corpi i tatuaggi erano stati realizzati nel derma, con un inchiostro composto da una sorta di fuliggine. Alcuni manufatti di rame trovati nelle vicinanze dell'area di rinvenimento delle mummie avevano fatto pensare a strumenti per il tatuaggio.
I disegni presenti su entrambi i corpi suggeriscono una rilevanza simbolica, ma non se ne conosce il significato.

Altre popolazioni che praticavano il tatuaggio erano i Celti. In segno di devozione raffiguravano sul loro corpo animali che adoravano quali il gatto, il toro, gli uccelli, i cinghiali e i pesci.

Al contrario, gli antichi romani credevano fermamente nella purezza del corpo umano e bandivano il tatuaggio che era vietato ed adoperato esclusivamente come strumento per marchiare criminali e condannati. Successivamente, in seguito alle battaglie con i britannici che portavano tatuaggi come segni distintivi d'onore, alcuni soldati romani cominciarono ad ammirare la ferocia e la forza dei nemici tanto quanto i segni che portavano sul corpo, cominciando così essi stessi a tatuarsi sulla pelle i propri marchi distintivi.

Tra i cristiani, il tatuaggio è sempre stato un andare e venire.
I primissimi cristiani usavano tatuarsi sulla fronte la croce mentre, nel 787 d.C. Papa Adriano proibì l'uso del tatuaggio.
Durante undicesimo e dodicesimo secolo, i crociati portavano sul corpo il marchio della Croce di Gerusalemme per permettere, in caso di morte sul campo di battaglia, di fare in modo che il soldato venisse riconosciuto e ricevesse l'appropriata sepoltura secondo i riti cristiani.
A seguito delle Crociate, il tatuaggio sembrò scomparire dall'Europa continuando a fiorire solo in altri continenti.

Nei primi anni del 1700, quando i marinai europei vennero a contatto con le popolazioni indigene delle isole del Centro e Sud Pacifico, scoprirono l'importante valenza culturale che il tatuaggio aveva in quei luoghi.
Quando le ragazze tahitiane raggiungevano la maturità sessuale le loro natiche venivano tatuate di nero.
Quando sofferenti, gli Hawaiani si tatuavano tre punti sulla lingua.
In Borneo gli indigeni si tatuavano un occhio sul palmo delle mani come guida spirituale che li avrebbe aiutati nel passaggio all'aldilà.
A Samoa era diffuso il "pe'a", tatuaggio su tutto il corpo che richiedeva 5 giorni di sopportazione al dolore ma era prova di coraggio e forza interiore.
Dagli appunti di Cook si evince che uno degli strumenti principalmente utilizzati dai tahitiani per tatuare consisteva in una conchiglia affilata attaccata ad un bastoncino.

Famosissimi, anche oggi, per i loro tatuaggi sono i neozelandesi. I Maori, popolazione originaria del posto, sin dai tempi più antichi tatuano quasi interamente il loro corpo, soprattutto il volto con i "moko". Questi ultimi sono usati ancora oggi per identificare il portatore come appartenente ad una certa famiglia o per simboleggiarne le conquiste ottenute nell'arco della vita.
Il tatuaggio "moko", imitato oggi in tutto il mondo con il tatuaggio da noi conosciuto come "maori", ha avuto tanto successo che durante il

1820, iniziò una macabra usanza da parte dei conquistatori del nuovo mondo. Si barattavano pistole con teste tatuate degli indigeni Maori. Per far fronte alla domanda, i commercianti di schiavi non si facevano scrupoli a far tatuare gli indigeni catturati in battaglia per poi ucciderli e venderne le teste. Solo nel 1831 il governo britannico dichiarò illegale l'importazione di teste umane.

Non possiamo omettere di parlare del Giappone da cui famosissimo e gettonatissimo il tatuaggio "giapponese". Nell'affascinante terra orientale, il tatuaggio era praticato fin dal quinto secolo avanti Cristo abbracciando vari scopi. Ci si tatuava per pura estetica, a scopo magico o si veniva marchiati perché criminali.

I bellissimi e colorati tatuaggi giapponesi che tutt'oggi, in ogni parte del mondo, ci si può far tatuare su pelle, nascono da un'antica legge repressiva presente nell'antico Giappone. L'imperatore vietò alla popolazione di basso rango di indossare kimoni decorati. In segno di ribellione, queste stesse persone cominciarono a portare, nascosti sotto i vestiti, enormi tatuaggi che coprivano tutto il corpo partendo dal collo per arrivare ai gomiti e alle ginocchia.

Il Governo, nel 1870, tentò di reprimere anche questa usanza dichiarandola illegale, ma il tatuaggio continuò a fiorire e a prosperare nell'ombra.

La Yakuza, la mafia giapponese, adottò ben volentieri la pratica fuorilegge del tatuaggio su tutto il corpo. I loro elaborati disegni rappresentavano conflitti irrisolti e simboli di qualità che si era convinti di possedere.

Il 1800 rappresentò una svolta decisiva per il mondo del tatuaggio. Furono ideati i primi prototipi di macchinette per tatuare che rendevano la pratica più veloce e meno dolorosa.

Il processo di modernizzazione nel campo del tatuaggio fece sì che questa pratica prendesse sempre più piede tanto che, durante gli anni venti, i circhi americani assunsero più di 300 persone completamente tatuate da esibire come attrazione.

Per molto tempo, però, il tatuaggio si diffuse solo all'interno di determinate classi di persone, diventando quasi un marchio di tali categorie sociali quali veterani di guerra, marinai, malavitosi e

carcerati. I disegni su pelle così, per svariato tempo, furono indice di arretratezza e disordine mentale convinzione che, ad oggi, è presente ancora in alcune persone.
Non aiutarono movimenti come quelli dei punk e dei bikers che, negli anni settanta e ottanta, utilizzarono il tatuaggio come simbolo di ribellione e di rifiuto dei precetti morali imposti dalla società.

In conclusione, conoscendone la storia, si può comprendere bene quanto sia stato importante il tatuaggio in epoche antiche. Esso rappresentava valori importanti per le remote popolazioni, avendo significati religiosi, morali o protettivi. Successivamente, a causa di una fetta di umanità contraria a questa pratica, il disegno permanente su pelle ha perso di valore o ha iniziato ad essere simbolo di negatività. Dopo essere stato immerso in decenni di pregiudizi, il tatuaggio oggi lentamente sta riacquistando valore.

Come Iniziare

Prima di tutto servirà la strumentazione adatta. Tranquillo, ti dirò esattamente cosa ti serve.

Se non hai ancora nulla, acquista un kit economico e completo, facilmente reperibile sui maggiori siti internet di compravendita. Non spendere tanto e non badare alle marche o alla qualità, ti serve solo una macchinetta per iniziare a capire se fare tatuaggi fa per te oppure no. Solitamente un kit economico per tatuare comprende:

- Una o due macchinette a bobina con clip cord;
- Chiave per montaggio e smontaggio di tubo e puntale;
- Puntali in acciaio;
- Puntali monouso;
- Un alimentatore con cavo di alimentazione;
- Un pedale;
- Qualche colore in piccolo formato;
- Aghi misti di svariate misure e tipologie;
- Tappi per i colori, gommini per gli aghi, elastici;
- Qualche rasoio e qualche paio di guanti.

Talvolta troverai anche qualche altro accessorio come gli scovolini per la pulizia dei puntali in acciaio.

Gli scovolini serviranno, in un futuro, esclusivamente se utilizzerai puntali in acciaio e non monouso, in concomitanza con la sterilizzatrice.

Per il momento puoi tranquillamente pulire i puntali sciacquandoli e utilizzandoli SOLO su pelle sintetica.

Anche quando ti sentirai pronto a tatuare su pelle umana, evita di utilizzare i prodotti del kit. La macchinetta, se regolata bene, può andare ma mai utilizzare puntali in acciaio se non si possiede una macchina per la sterilizzazione. Inoltre, colori e aghi del kit solitamente non possiedono alcuna certificazione.

Tatuare A Casa

La maggior parte, inizialmente, tatua presso la propria abitazione. Ovviamente è difficile trovare lavoro presso qualche tatuatore professionista, a maggior ragione se non si possiede ancora un attestato professionale obbligatorio per operare in tale campo e, tantomeno, non è il caso di aprire subito uno studio proprio.

Tatuatore lo si diventa. Ogni giorno si impara qualcosa che prima non si conosceva. È un'arte che richiede tanto tempo e tanta pratica. Anche dopo anni di professione, un tatuatore, concluso un tatuaggio, può dire di aver appreso qualcosa di nuovo.

Nonostante la legge sia giustamente rigida riguardo una pratica che, anche se un tempo era eseguita all'interno di una polverosa capanna di paglia e terra, è molto delicata, è comunque possibile tatuare a casa e creare legalmente il proprio studio presso un'abitazione, sempreché si possiedano tutti gli attestati, i titoli e le caratteristiche richieste dalla regolamentazione prevista.

Secondo la legge, se non si è riconosciuti come professionisti, è possibile tenere a casa una o più macchinette ma queste devono essere tenute esclusivamente come oggetti da collezione. Durante un eventuale controllo non possono esserci bottigliette di inchiostro, aghi o qualunque altra strumentazione che possa far pensare ad un utilizzo delle stesse.

Ad ogni modo, agli inizi del percorso da tatuatore si avrà bisogno di esercizio.
Organizza, ove possibile, una stanza dedicata esclusivamente all'esecuzione del tatuaggio. Allestisci la stanza con un lettino o una poltrona, un carrellino in acciaio con ruote, un paio di sgabelli e una scrivania per preparare disegni e stencil.
Anche se inizialmente dovrai allenarti esclusivamente su pelle sintetica, è bene avere un ambiente quanto più possibile simile ad un

vero e proprio studio per imparare a muoversi e ad organizzare la postazione in maniera corretta.

Pelle Sintetica O Cotica?

Esistono svariati supporti che permettono l'esecuzione di un tatuaggio. Solitamente la scelta più comune è quella di utilizzare la cotica, facilmente reperibile e solitamente gratuita.

La cotica, ovvero la pelle di maiale, si dice essere molto simile a quella umana ed è il motivo per cui viene utilizzata. Basandomi sulla mia esperienza, però, devo dissentire da tale affermazione. La cotica di maiale, pur presentando una stratificazione simile alla pelle umana, è molto più dura. Presenta un sottostante e abbondante strato di grasso e uno esterno di pelle molto spessa e callosa.

La superficie è oleosa ed è bene sgrassarla prima dell'utilizzo. Sarà sufficiente un comune sgrassatore e della carta. La pelle continuerà a sudare ma non sarà un problema visto che, durante l'esecuzione del tatuaggio, dovrà essere pulita più e più volte dall'inchiostro in eccesso. È consigliabile utilizzare una cotica abbastanza fresca affinché non risulti troppo dura.

Per tatuare su questo tipo di superficie, è meglio utilizzare una classica macchinetta a bobine e non una rotativa molto meno aggressiva e più delicata che renderebbe più difficile l'esecuzione su uno strato duro.

Come passo successivo, o anche come scelta iniziale, è possibile esercitarsi anche su pelle sintetica.

Comunemente chiamata anche pelle finta o similpelle, è un materiale di derivazione industriale petrolchimico. Non va confusa con l'ecopelle, che è un cuoio di origine animale a ridotto impatto ambientale.

La pelle sintetica di cui tratteremo è in forma di fogli quadrati o rettangolari. Lo spessore varia a seconda della marca e della qualità. Solitamente viene prodotta con spessore di due/tre millimetri fino ad uno di circa cinque millimetri.

La prima è più difficile da pulire e, avendo uno spessore tanto ridotto, risulta scadente per l'esecuzione del tatuaggio. Simula i primi stati di pelle in completa assenza dello strato di grasso sottocutaneo presente in ognuno di noi. È utile per capire se si va troppo a fondo con l'ago

infatti, girandola, saranno evidentissime le gocce di inchiostro nel caso in cui ci si è andati troppo pesanti!
Il secondo tipo di pelle, quella che consiglio tra le due, è più spessa e più morbida al tatto. Più semplice da pulire presentando, solitamente, una superficie più liscia di quella prima descritta.

Attenzione però, un foglio di pelle sintetica non può insegnare tutto ciò che c'è da imparare. La pelle umana è molto diversa ed è SEMPRE diversa perché differisce da persona a persona.
Una delle prime cose che imparerai solo ed esclusivamente tatuando su pelle umana è quella di tenderla con le dita della mano che non utilizzi per tenere la macchinetta. Stirando la pelle con le dita si favorisce l'ingresso dell'inchiostro e si riempirà ogni millimetro evitando di lasciare spazi vuoti. Inoltre si eviterà che l'ago si incastri sotto la pelle.

Come ultima alternativa c'è la frutta. Non l'ho inserita nel titolo del capitolo essendo una scelta meno gettonata. Frutto che si presta abbastanza bene è la mela. Ovviamente è una superficie molto più delicata della pelle umana, di maiale o sintetica, quindi verrà trattata con più delicatezza. Insieme alla pelle sintetica sottile e alla cotica, la considero una superficie per apprendere esclusivamente le basi riguardanti l'impugnare la macchinetta, regolarla in simultanea con l'alimentatore e prenderci la mano.
Restando in ambito di frutta, può essere tatuata persino la buccia di banana. Secondo me, supera di gran lunga la sua sorella mela. Basterà sbucciare una banana e stenderne la buccia con il lato esterno rivolto verso l'alto.

Qualunque superficie di prova deciderai di utilizzare, ricorda sempre di mettere al di sotto di essa un sottile tagliere in plastica o un paio di riviste dure. Coprirai con della pellicola e poi potrai poggiare la base da tatuare.

Da Quale Disegno Iniziare

Per molti è una cosa chiara fin dall'inizio, per altri è una cosa che arriva con il tempo. Sto parlando del genere in cui specializzarsi. Solitamente, un tatuatore con mano ferma e conoscenza dei colori, dovrebbe essere in grado di tatuare qualunque illustrazione ma spesso tende a preferire o a specializzarsi in un unico genere o stile. Personalmente preferisco essere di ampie vedute e di non scegliere un'unica strada ed infatti, ad oggi, non ho un mio genere preferito ma, anzi, sono felice di spaziare tra i diversi gusti dei miei clienti.

In ogni caso, che tu decida di specializzarti in uno stile in particolare o meno, devi sapere che essenziale per un tatuatore è avere la mano ferma e tracciare linee dritte. Quindi, come primi disegni su cui esercitarti, scegli soggetti semplici ma preferibilmente geometrici. All'inizio utilizza solo il nero e lascia da parte i colori. Per ora devi solo prendere confidenza con la macchinetta.

A fine capitolo tre tabelle di disegni semplici solitamente tatuati in dimensioni che non superano i 6 cm per lato. Normalmente il tempo di esecuzione va dai 20 ai 30 minuti. Inizialmente ti ci vorrà più tempo ma pian piano, acquisendo sicurezza ed esperienza, rispetterai i tempi standard.

Questo tipo di tatuaggio, monocolore, viene solitamente denominato "flash tattoo".

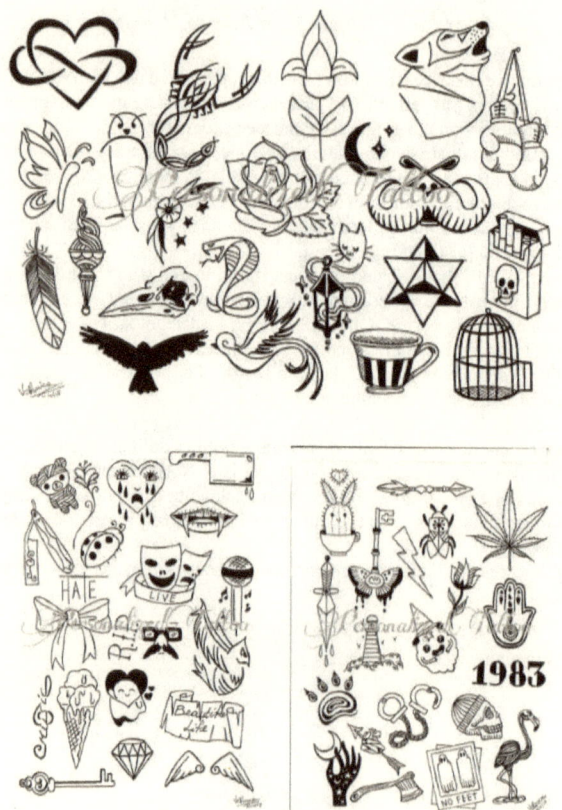

La Grandezza Del Disegno

¬ come modificare il disegno -

Un tatuaggio non può essere molto piccolo, soprattutto se composto da molti dettagli.

Capita spesso di vedere tatuaggi dettagliatissimi sulle dita delle mani, come leoni o altre rappresentazioni particolareggiate. Non è questione di difficoltà perché, per quanto sia difficile tatuare decine di minuscoli dettagli su uno spazio ridottissimo, se sei un tatuatore sai che con un po' di impegno in più devi riuscire a tatuare quel bellissimo leone sul mignolino del piede! Il problema è che, nel corso del tempo, le linee andranno amalgamandosi e il disegno apparirà sempre meno definito.

Si deve sempre tenere presente che il tatuatore disegna su un supporto vivo e in costante trasformazione. L'inchiostro che viene immesso nella pelle, viene catturato da cellule in continuo movimento.

La regola fondamentale da ricordare è di considerare uno spazio di almeno 3 millimetri tra una linea e l'altra.

Anche per quanto riguarda un disegno di grandi dimensioni o le scritte possono esserci dettagli da tenere particolarmente in considerazione.

Si pensi a caratteri di scrittura con linee curve, ricci e ghirigori. Presentandosi un cliente che richiede una scritta complessa, le scelte sono due. Si propone di fare il tatuaggio grande abbastanza da permettere uno spazio di circa 3 mm tra una linea e l'altra oppure, nell'eventualità che si preferisca una scritta di dimensioni ridotte, sarà necessario scegliere un font più semplice o eliminare i troppi dettagli.

Ricorda sempre che di fronte ad un cliente deciso è difficile dire di no e a quel punto dovrai pensare se accontentarlo con la prospettiva che il lavoro non sarà ottimale o, ciò che dovresti assolutamente fare, restare fermo sulle tue decisioni. Sei un professionista e sai quello che fai, a differenza del cliente che, rispetto a te, è ignorante nei confronti del mondo del tatuaggio.

Farò alcuni esempi di font da evitare nel caso in cui sia richiesto un tatuaggio di piccole dimensioni.

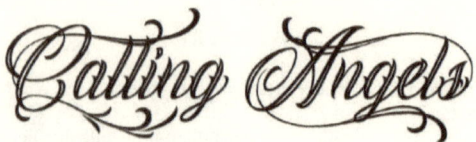

Calling Angels è, ad esempio, un carattere molto gettonato per sole scritte, senza aggiunta di disegni. È adatto come scrittura da tatuaggio ma, come puoi vedere, è molto complesso e particolareggiato.

Tuttavia vi sono anche font più semplici da evitare in grandezze troppo ridotte.

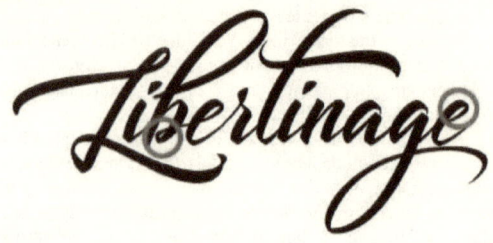

Fa sempre attenzione ai piccoli dettagli. Nell'immagine ho cerchiato in rosso i punti a cui dedicare più attenzione. In un formato ridotto che non permette un diametro di almeno 3 millimetri all'interno dei cerchietti formati dalle lettere, lo spazio con il tempo diventerà grigio e non risulterà più visibile.

Un tatuaggio va studiato con la prospettiva che resterà in perfette condizioni con il trascorrere degli anni. Questo vale per qualunque tipo di disegno. Volendo, è possibile tatuare qualunque immagine o soggetto a patto che, eventualmente, lo si modifichi.

Modificare un prestampato non è difficile. È possibile utilizzare svariati mezzi. C'è chi preferisce lavorare digitalmente, durante una modifica o una creazione, utilizzando i programmi di grafica per pc, tablet o tavola digitale da disegno. Tali applicazioni sono facilmente reperibili sul web, a pagamento o gratuite. Tutto sta nell'imparare ad utilizzarle per sfruttare al meglio le incredibili capacità che possono offrire.

A mio parere, però, queste capacità sorprendenti le ha nelle mani chi ama creare tatuaggi. Personalmente preferisco creazione e modifica di un disegno utilizzando carta e matita. In questo caso, per una maggiore rapidità nella modifica da effettuare, sarà sufficiente stampare il prestampato richiesto su un foglio bianco, sovrapporre un foglio di carta lucida da disegno ed il gioco è fatto. Basterà ricalcare gli elementi da conservare e modificare il resto. Il disegno sottostante farà da guida velocizzando il lavoro e rendendolo più preciso. Io, in alternativa, utilizzo la tavola luminosa, uno strumento simile ad un tablet che, però, fornisce semplicemente un supporto piatto luminoso che permette di calcare un prestampato anche su foglio normale.

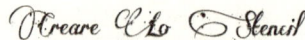

- carta ectografica -

Lo stencil è quasi sempre necessario per la realizzazione del tatuaggio. Capiterà di non utilizzarlo per scelta o per necessità.
Un tatuatore può scegliere di specializzarsi in qualunque cosa, anche nell'assenza di utilizzo dello stencil. All'inizio del proprio percorso è inevitabile utilizzarlo, ma con il passare del tempo si può scegliere di farne a meno. Ciò, però, comporterà di conseguenza lo specializzarsi in un determinato stile che non permette l'esecuzione di qualunque tipo di disegno. Un cliente non potrà scegliere un prestampato e non avrà quella sorta di sicurezza data dallo stencil ma si affiderà completamente alle mani del tatuatore, quasi alla cieca.
Capiterà poi di non poter, pur volendo, utilizzare uno stencil. In questo caso si ricorrerà a tracciare linee guida sulla pelle con pennarelli o con il colore stesso. L'importante è utilizzare sempre colori differenti dal nero, come rosso o blu, per distinguere la base guida dal pigmento permanente, durante l'esecuzione.

Per la creazione dello stencil sarà necessaria la carta ectografica. Questa, pur essendo apparentemente uguale alla carta carbone, non ha lo stesso effetto di quest'ultima.
La carta carbone trasferirà ugualmente il disegno su carta, ma non si fisserà adeguatamente sulla pelle o, comunque, si cancellerà rapidamente durante il lavoro mentre si pulisce la cute dall'inchiostro in eccesso.
I fogli di carta ectografica sono composti da quattro diversi tipi di carta sovrapposti. Il primo è carta velina con un lato lucido, il secondo è opaco e più sottile, il terzo è il foglio di carta ectografica e l'ultimo fa solo da supporto.
Il secondo foglio va eliminato perché funge da sola protezione e si disegna su carta velina con il lato lucido rivolto verso l'alto. È possibile anche utilizzare un qualsiasi altro foglio di carta velina o un normale foglio A4 solo quando si tratta di disegni molto piccoli che non devono

prendere la forma del corpo. L'importante è disegnare sempre sulla parte lucida lasciando la parte opaca a contatto con il foglio ectografico.

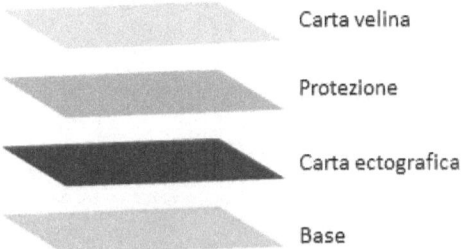

Carta velina

Protezione

Carta ectografica

Base

Per una perfetta riuscita dello stencil basterà seguire poche piccole regole.

Posiziona sul piano da lavoro un po' di fogli A4 che offriranno una base morbida ma non troppo. Posiziona sopra di essi il foglio di carta ectografica. Elimina il foglio di protezione e, in ultimo, poggia il foglio su cui è stampato il disegno da trasferire e fissalo con del nastro adesivo di carta (o gommato). Utilizza una penna con una punta abbastanza sottile che non sia gel, scegliendo preferibilmente colori diversi dal nero. Ottima è la Pilot 0,7 con punta fine.

Applica la giusta pressione e ripassa più volte le linee più lunghe. Se il disegno è geometrico o presenta linee dritte, utilizza una riga. Infine assicurati di aver ripassato tutto il disegno sollevando parte del foglio. A questo punto non resta altro da fare che ritagliare lo stencil. Lascia un contorno di circa un centimetro seguendo il più possibile la forma del disegno. Pratica dei taglietti lungo i contorni, soprattutto dove sai che la pelle del cliente curva. Se servirà trovare il centro del disegno, poggia lo stencil su un foglio di carta normale e traccia a matita o a penna le linee guida.

È possibile ripassare un disegno in modo che poi su pelle risulti specchiato rispetto all'originale. Può essere utile nel caso in cui un cliente cambi idea, al momento della preparazione dello stencil, sul lato del corpo da tatuare. Per non rifare da zero un disegno o ristamparlo, avendo anche a disposizione poco tempo, sarà sufficiente posizionare gli strati della carta ectografica in maniera differente. Il primo, partendo dall'alto, sarà la base, subito dopo il foglio di carta ectografica che si troverà capovolto e, infine, quello di carta velina. Come sempre si posizionerà, in questo caso sopra alla base, il prestampato da ricalcare in posizione originale.

Esistono anche stampanti per stencil che permettono, quasi istantaneamente, la creazione di uno stencil. Le consiglio nel momento in cui la mole di lavoro sarà così eccessiva da non avere tempo da dedicare al ricalco dei disegni che, per essere preciso, non deve essere eseguito frettolosamente.
Applicare Lo Stencil
Una volta scelto il disegno da realizzare e dopo aver creato lo stencil, non resta che applicarlo nel giusto modo così che non si cancelli durante l'esecuzione del tatuaggio.
Ovviamente lo applicherai su pelle sintetica o cotica accuratamente sgrassata ma, per un futuro, la mia spiegazione vale anche per la pelle umana.

Oltre la giusta aderenza che deve avere lo stencil per durare, importantissimo è il corretto posizionamento. Qualunque sia la parte del corpo da tatuare, durante l'applicazione dello stencil, la persona deve stare in piedi in posizione rilassata, il più possibile dritta. Insisti quindi sul posizionamento di piedi, con la punta rivolta in avanti; spalle e schiena dritte; braccia rilassate lungo i fianchi; sguardo in avanti.

Il prodotto più comunemente utilizzato per applicare uno stencil e che mi sento di consigliare perché di qualità eccellente si chiama "Stencil Stuff". Lo so, eri convinto che potessi utilizzare il deodorante! Probabilmente potrebbe funzionare ma, non avendolo mai usato, personalmente non ne garantisco effetto ed efficacia nonostante, anche io, sia a conoscenza del suo utilizzo presso alcuni studi.
Lo Stencil Stuff è un liquido biancastro contenuto in una boccetta simile a quella per gli inchiostri. Gli ingredienti non sono molti e sono simili a quelli di alcuni cosmetici. Vediamo come applicarlo.

Depila la parte del corpo interessata con un rasoio usa e getta
eliminando i peli anche sulla parte circostante alla zona su cui sarà
eseguito il tatuaggio. Usalo anche se evidentemente non sono presenti
peli: c'è sempre una piccola percentuale di peluria. Questa operazione
è necessaria affinché l'ago non rischi di spingere i peli sottopelle
causando possibili infezioni.
Rimuovi i peli rasati con un foglio assorbente asciutto.
Successivamente disinfetta la parte depilata (tratteremo più avanti i
prodotti disinfettanti). Su pelle sintetica o cotica puoi utilizzare
l'alcool.
Asciuga o lascia asciugare la pelle. Stendi un po' di Stencil Stuff. La
quantità giusta ti sarà chiara dopo svariati utilizzi. Stendi bene il
prodotto con le dita e pulisci le stesse, di tanto in tanto, con un foglio
di carta assorbente, ripassandole poi sulla pelle.
Posiziona lo stencil sulla pelle partendo dal centro o da un'estremità,
in base alla grandezza e alla tipologia di disegno. Fai aderire bene alla
pelle l'intero foglio di carta velina senza strofinare, ma tamponando.
Lo Stencil Stuff agisce con il calore e non con la pressione, quindi tieni
semplicemente la mano poggiata sullo stencil per circa 3-5 secondi.
Rimuovi delicatamente il foglio dello stencil partendo da un lembo e
facendo attenzione a non strapparlo. Nel caso in cui lo stencil risulti
storto o da riposizionare per un qualsivoglia altro motivo, sarà possibile
riutilizzare quello stesso stencil su carta per altre 4-5 volte.
Attendi circa 10 minuti perché le linee blu dello stencil che vedi ora su
pelle si asciughino.

Una volta realizzato il disegno temporaneo su pelle, per l'esecuzione
vera e propria, il cliente dovrà sdraiarsi o sedersi. La pelle, in molti
casi, si deformerà cambiando posizione e facendo risultare lo stencil
storto rispetto a come lo si vedeva appena applicato. Basterà ricopiare
con l'inchiostro della macchinetta le linee così come le si vede; è ovvio
che, una volta in piedi, il tatuaggio sarà dritto.
Se, ad esempio, nel disegno c'è un cerchio e, una volta posizionato il
cliente o allargando la pelle con le dita, questo sembri un ovale, non
preoccuparti è perfettamente normale. Ripasserai le linee ovali così

come le vedi. Una volta che la pelle sarà di nuovo rilassata, nel disegno risulterà comunque il cerchio originale.

Prodotti Disinfettanti E Pulenti

Inizialmente, tatuando su pelle sintetica o cotica, ti sarà possibile utilizzare un qualunque prodotto disinfettante o sgrassante per rimuovere lo stencil sbagliato o l'inchiostro in eccesso.
Durante un'esecuzione su pelle umana è importante scegliere con attenzione i liquidi da utilizzare per evitare l'eccessiva irritazione della pelle.

Per pulire e sgrassare la pelle prima e durante l'esecuzione del tatuaggio è possibile utilizzare il sapone verde (o green soap) o il sapone blu. Entrambi sono presenti in mercato sia pronti all'uso sia in formato concentrato. In questo ultimo caso ogni tipo di sapone e di marca avrà concentrazione diversa e bisognerà diluirli seguendo le istruzioni riportate sulla confezione anche se ogni tatuatore, con il tempo, trova la propria personale miscela.
Nel caso in cui si scelga di acquistare un formato concentrato, anche più conveniente a livello economico e di più lunga durata nel tempo, si diluirà con l'aggiunta di acqua demineralizzata o di acqua di rose. Personalmente utilizzo la demineralizzata, reperibile presso il più comune dei casalinghi e ottima anche per sciacquare aghi e puntali nel momento in cui si utilizzano più colori contemporaneamente. Vi è anche chi usa acqua di bottiglia ma, a mio parere, potrebbe contenere troppi minerali e, come noto, sostanze inquinanti.
Per disinfettare, invece, comune è il Dettol, disinfettante antisettico utilizzabile anche quotidianamente e spesso sempre più disponibile anche nei supermercati. Mi è capitato di leggere opinioni negative su questo prodotto ritenuto, da alcuni, non troppo efficace ma non concordo. Il Dettol è prodotto dalla Reckitt Benckiser plc, una delle aziende leader nel settore dei prodotti di pulizia. Pure questo prodotto va solitamente diluito anche se, a differenza del sapone di cui sopra, la diluizione in questo caso è molto più soggettiva.

Marca gettonatissima per la pulizia e la disinfezione, anche nell'ambito del tatuaggio, è Golmar, specializzata nella produzione di prodotti per la sterilizzazione e la disinfezione nell'ambito medico.

Successivamente parleremo anche di disinfezione e sterilizzazione di tutte le superfici, conoscenza necessaria nel momento in cui si inizierà a tatuare su persone.

Aghi E Puntali

Esistono svariate tipologie di aghi e annessi puntali. Parleremo di quelli che si utilizzano con le più classiche macchinette per tatuaggio. Spulciando sui siti di forniture per tattoo troverai anche le cosiddette cartucce ma non ti serviranno a meno che tu non possieda una penna per tatuare tipo Cheyenne.

La prima cosa da sapere su aghi e puntali è che (per quanto riguarda i primi e non tutte le tipologie dei secondi) sono monouso e chiusi in confezioni sigillate, sterilizzati con ossido di etilene (E.O. GAS). Tale sterilizzazione ha durata di quattro anni dopodiché, anche se non utilizzata, tale attrezzatura deve essere smaltita.

Materialmente ogni singolo ago è composto dal fusto e dalla affilatura ovvero gli aghi veri e propri saldati alla barra principale.
I fattori che definiscono la tipologia di un ago sono: il diametro, la conicità e il conteggio.
• Il diametro si riferisce alla misura del fusto, della barra principale da cui è composto un ago. I quattro diametri più comuni sono, dal più grande al più piccolo:
- #12 da 0,35 mm
- #10 da 0,30 mm
- #8 da 0,25 mm
- #6 da 0,20 mm
• La conicità indica le forme della punta che elencheremo a breve. La punta, può avere una lunghezza standard di 1,5 mm fino ad arrivare a 7mm.
• Il conteggio indica il numero di aghi saldati tra loro.
La conicità e quindi la forma della punta di un ago ne determina l'utilizzo. La disposizione degli aghi, ovvero il tipo di saldatura di questi al fusto, è indicata con le seguenti sigle:
- RL (Round Liner) utilizzati per le linee. Gli aghi sono saldati in formazione circolare stretta, a formare un cono.

- RS (Round Shader) per le ombreggiature e i piccoli riempimenti. Gli aghi sono riuniti in formazione circolare larga, a formare un cilindro.
- F (Flat) poco utilizzati, servono per riempimento e ombreggiature di forme geometriche. Gli aghi sono saldati in una sola fila uno accanto all'altro in formazione lineare.
- M (Magnum) i cui aghi sono riuniti in formazione lineare ma su due file. Di magnum ne esistono varie tipologie ma tutti servono per colorare, sfumare o mischiare pigmenti su grandi aree.

I più comuni sono gli M1 (Weaved Magnum). Troverai anche gli M2 (Stacked Magnum) che hanno lo stesso utilizzo ma sono adatti per aree più piccole avendo una spaziatura minore tra gli aghi saldati. Infine vi sono gli M3 (Soft Magnum) i cui aghi sono disposte sempre su due file come in M1 ed M2 ma le punte sono disposte ad arco. Risultando, quindi, la profondità sulla pelle minore alle estremità e maggiore nella parte centrale, vi sarà una distribuzione del colore molto più veloce ma meno uniforme. Per questo motivo questo tipo di ago è consigliato per sfumature leggere.

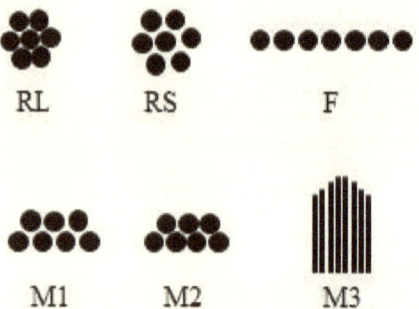

Ogni tipo di ago è nato per una determinata funzione ma è anche vero che ogni tatuatore li utilizza come meglio crede. È possibile, ad esempio, che con il tempo preferirai utilizzare un Round Shader per le linee doppie anziché un Round Liner. Come è probabile che utilizzerai un Magnum anche per i riempimenti di disegni geometrici.

I puntali vengono ovviamente utilizzati in concomitanza con gli aghi. Si suddividono in varie tipologie anch'essi. Innanzitutto vi sono da fare quattro distinzioni principali:

- Quelli in plastica sono per lo più sconsigliati. La semplice plastica è soggetta a spaccarsi e potrebbe contenere sostanze non adatte per venire a contatto con la pelle;
- I puntali in gomma e teflon sono quelli che presentano le estremità più dure e l'impugnatura in gomma;
- Per avere una maggiore precisione è possibile utilizzare i puntali in gomma con punta in acciaio;
- I puntali in acciaio chirurgico vanno utilizzati esclusivamente se si possiede un'autoclave, ovvero una macchina per sterilizzare tutta l'eventuale strumentazione non monouso. Questi, a differenza degli altri sopra elencati, sono composti da tre parti smontabili: il Backstem, il tubo; il Grip, la parte centrale; il Tip, la punta.

Qualunque sia la tipologia di puntale che sceglierai di utilizzare in base alle tue possibilità o alle tue preferenze, dovrai poi scegliere la dimensione del Grip. Solitamente di diametro più stretto per l'esecuzione delle linee e più largo per riempimenti e sfumature, è comunque utilizzato in modo molto soggettivo. Le diverse dimensioni sono state studiate per offrire un diverso tipo di impugnatura: più aderente e stretta alla macchinetta per una maggiore stabilità e precisione durante le linee, più comoda e morbida durante i lunghi riempimenti.

Di Tip ne esistono di tre forme per adattarsi ad ogni ago ed esigenza:

- ROUND classificato dalle sigle R-RT-D-RC, ha un'apertura tonda per essere utilizzato con gli aghi RL ed RS;
- DIAMOND a forma di diamante e indicato con D-DT-DC. Anch'esso è per gli aghi RL ed RS ma permette una maggiore fuoriuscita del colore;

- FLAT indicato con F-FT-M-MT è il puntale per gli aghi F ed M avendo l'apertura rettangolare.
- Ogni puntale, così come ogni ago, è prodotto in svariate misure. Di seguito, un elenco delle misure disponibili.
- Tip Round: 3-5-7-8-9-11-12-13-14-18 (le misure 12 e 13 sono più difficili d trovare non essendo prodotte da tutti);
- Tip Diamond: 3-5-7-8-9-11-12-13-14-18;
- Tip Flat: 5-7-11-13-15-17 e tutte le misure dispari fino a 47.

La Macchinetta

- come impugnarla -

Prima di ogni altra cosa, è bene conoscere il proprio strumento di lavoro. Durante l'esecuzione del tatuaggio, la macchinetta sarà il prolungamento della mano. Per sentirla parte di sé bisogna conoscerla come si conosce il proprio corpo.

La prima macchina per tatuaggi, brevettata da Samuel O' Reilly, risale agli inizi del 1800, quando Volta creò la pila elettrica. Le prime macchine per tatuaggi e i loro prototipi funzionavano tutti con questa pila.
Nel 1876, Thomas Edison ottenne un brevetto su una macchina rotativa elettromagnetica, progettata per la duplicazione dei documenti, chiamata "penna elettrica". Funzionava utilizzando il principio elettromagnetico; forava con un pennino in movimento il documento originale per ricavare lo stencil, poi si passava un rullo inchiostratore sui fori per ottenere delle copie sui fogli bianchi posti al di sotto dello stencil.
Probabilmente Edison non fu soddisfatto di questa invenzione perché, nell'anno successivo, produsse un'altra macchina elettromagnetica, con due bobine che facevano muovere in modo lineare una barra metallica.
Samuel O' Reilly fu il primo a capire che il primo prototipo di penna creato da Edison poteva essere modificato ed usato per introdurre inchiostro nella pelle. Pertanto, costruì una macchina basata su un movimento rotatorio, aggiungendo un serbatoio per l'inchiostro, un interruttore di accensione e spegnimento e riprogettando il tubo per il pennino, in modo da poter utilizzare la macchina sulla pelle.
Nel 1904, Charles Wagner creò una macchina tornando ad utilizzare il movimento elettromagnetico e non più quello rotatorio. Essa possedeva un interruttore on/off, che regolava il flusso magnetico della bobina, avviando o fermando il pennino.
Nel 1929, Percy Waters realizzò il dispositivo da cui derivano le macchine per tatuaggi odierne. Anch'esso era elettromagnetico ed era

formato da due bobine ma queste ultime, a differenza di quelle della macchina di Edison, erano disposte in modo parallelo rispetto al telaio. Cinquant'anni dopo, Carol Nightingale costruì una macchina per tatuaggi più completa, migliorandone il design. In essa furono introdotte bobine regolabili, molle di varie lunghezze a seconda del tipo di lavoro da svolgere e una vite di contatto.

La macchina per tatuaggi ha subito diverse modifiche nel corso degli anni. Tuttavia, non si potrà mai ottenere un dispositivo che sia perfetto per tutti i tatuatori, poiché ognuno di essi tenderà a modificarlo in base alle proprie esigenze.

I due principali tipi di macchinetta più usate dai tatuatori sono quella a bobine e quella rotativa.
La prima è più pesante e caratterizzata da più elementi, come le due bobine, il condensatore, la molla posteriore e quella anteriore che, regolandola, permette un utilizzo da linea o da sfumatura. Le macchinette a bobine sono più rumorose e, potendo scegliere, per via del loro peso e della maggiore potenza, sono più adatte a linee e riempimenti omogenei.
Sono le più comuni e si basano su un circuito elettromagnetico per far oscillare l'ago. Se ne possono trovare in molte varianti, dalla singola alla tripla bobina, ma quelle "standard" ne hanno due.
Le bobine presentano tra gli 8 e i 10 avvolgimenti, che servono per creare e controllare la resistenza (misurata in ohm), in modo da regolare al meglio velocità e potenza.

Il secondo tipo di macchinetta in questione, quella rotativa, dal punto di vista meccanico più silenziosa, è anche molto più leggera e veloce da settare. A differenza delle macchinette a bobina ha un motorino elettrico la cui potenza è variabile infatti, ruotando la parte numerata, è possibile passare rapidamente da un settaggio per linee ad uno per sfumature.

I due tipi di macchinette, seppur molto diverse, possiedono degli elementi in comune.

Il blocca tubo, situato nella parte alta anteriore è semplicemente una piccola morsa da stringere tramite l'apposita vite per bloccare fermamente il puntale o il tubo.

Il cappuccio porta ago in cui infilare prima il tappino in gomma e poi la cruna dell'ago.

Il morsetto posteriore, presente anche nelle macchinette rotative ma in coppia con un'entrata jack, dove attaccare il clip-cord collegato all'alimentatore.

Di seguito uno schema della macchinetta a bobine, la più usata e quella che, acquistando un kit per iniziare, comincerai ad utilizzare.

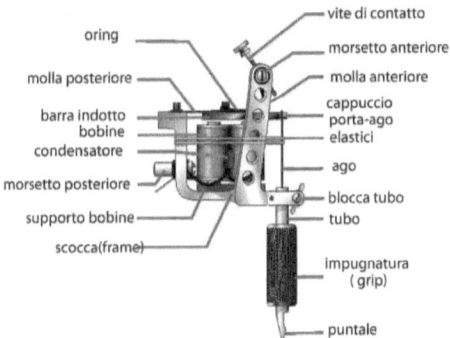

La macchinetta, soprattutto durante l'esecuzione delle linee, non va tenuta come normalmente si impugna una penna. Una penna o una matita si impugna con la parte superiore rivolta verso se stessi. La macchinetta verrà impugnata tenendo la parte superiore rivolta in direzione frontale rispetto a dove ci si trova.

La mano poggerà saldamente sulla pelle, chiusa in un pugno, per una maggiore stabilità evitando che tremi. Tra il puntale e la mano dovrà esserci lo spazio di un mignolo, evitando di allontanarlo di più, così da avere un controllo superiore della macchinetta.

Il movimento sarà quello del polso. Tenendo il braccio fermo, usa il polso con movimenti naturali per guidare la mano dal basso verso l'alto.

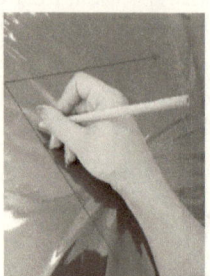 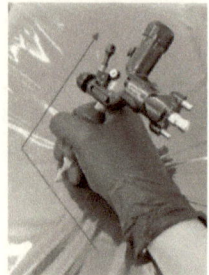

L'alimentatore

La potenza elettrica della macchinetta va misurata in watt. Un watt corrisponde ad un volt moltiplicato per un ampere.

Non ti spaventare, riporterò di seguito alcune informazioni tecniche riguardo l'alimentazione elettrica di alimentatore e macchinetta ma, seppure sia utile conoscerle, non è detto che ne avrai bisogno durante la pratica. Io, personalmente, regolo tutto ad orecchio, basandomi sul suono della macchinetta. Ovviamente è una cosa che ho potuto fare dopo tempo, una volta avuta dimestichezza con la mia strumentazione.

Molto importante è che l'alimentatore utilizzato abbia un buon amperaggio. Se utilizzassimo una stessa macchinetta con due alimentatori diversi, uno da 3 ampere e l'altro da 1,5 ampere, per ottenere che la macchinetta lavori correttamente dobbiamo utilizzare, nel secondo caso, il doppio dei volt. Il raddoppio può ovviamente comportare alcuni problemi quali vibrazioni eccessive o surriscaldamento della macchinetta.
Un volt corrisponde ad un ampere per un ohm. L'Ohm misura la resistenza della macchinetta e tale resistenza risiede principalmente nelle bobine. La potenza delle bobine si misura in wraps.
Può capitare che una macchinetta non abbia una battuta costante, tendendo ad accelerare e decelerare pur essendo perfettamente tarata e con un buon voltaggio. Ciò succede quando anche se la resistenza è invariabile e il voltaggio non è stato modificato, l'alimentatore non fornisce un amperaggio costante ma tende a variare continuamente.
Se l'alimentatore ha un amperaggio doppio rispetto ad un altro alimentatore, il voltaggio a cui gira una macchinetta si dimezza.
Se l'alimentatore ha un amperaggio dimezzato rispetto ad un altro alimentatore, il voltaggio a cui gira la stessa macchinetta raddoppia.
Ogni piccola modifica al voltaggio, senza alcuna modifica all'amperaggio e alla resistenza, comporta una grande modifica al wattaggio.
In merito a quale sia il voltaggio corretto, c'è da dire che dipende da tantissimi fattori quali la velocità della mano, la pressione che si

esercita sulla pelle, il tipo di pelle, il tipo di disegno, insomma è una cosa molto personale. La perfezione del corretto voltaggio, come quella di una corretta esecuzione, si raggiunge nel tempo.

Tuttavia una macchinetta può essere collegata ad un alimentatore di alta qualità e può essere correttamente settata ma dare comunque problemi come una eccessiva vibrazione dell'ago. Ciò può dipendere da una scarsa manutenzione della macchinetta. Solitamente basterà semplicemente pulirla e lubrificarla. Per farlo, se si incontrano difficoltà, non servirà altro che seguire le istruzioni fornite insieme alla macchina dal produttore della stessa.

Montare La Macchinetta

Montare la macchinetta non è così
difficile come potrebbe sembrare.
Le componenti da assemblare, oltre la
macchinetta in sé sono l'ago, il puntale
e il gommino per l'ago.
C'è chi utilizza anche il ferma ago e la
bustina copri macchinetta.
Come fatto finora, tratterò solo
macchinetta a bobine e rotativa.
Vediamo adesso tutto nel dettaglio.

Che si tratti di una macchinetta a
bobine o rotativa, fino ad un certo
punto la procedura è la stessa.
Apri prima il puntale e poi l'ago;
inserisci il primo nel secondo

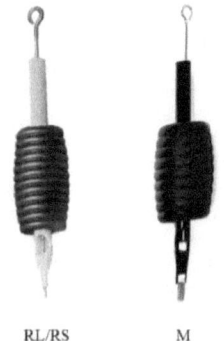

RL/RS   M

facendolo scivolare senza spingerlo. Forzando manualmente l'ago nel
puntale si rischia di spezzare o rovinare l'affilatura.
IMPORTANTE: regolandosi guardando la saldatura, l'affilatura deve
trovarsi inferiormente, mentre la barra superiormente quindi, quando si
inserirà il gommino nella cruna, questa avrà la parte aperta a sinistra
per quanto riguarda gli RL ed RS, a destra per gli M.

Inserisci quindi il gommino nella cruna dell'ago e il tutto nel blocca
tubo della macchinetta. Stringi solo leggermente il blocca tubo,
inserisci il gommino nel cappuccio porta ago e, solo ora, stringi bene il
blocca tubo. Il puntale dovrà trovarsi con l'apertura del tip rivolta verso
l'alto.
Se hai montato una macchinetta a bobine, aggiungi uno o due elastici
cercando di creare la giusta pressione per stabilizzare l'ago che dovrà
essere né troppo libero né troppo costretto.

Se la macchinetta è rotativa, non avrai bisogno degli elastici. Questa macchinetta è dotata di uno stabilizzatore incorporato per la barra dell'ago, una vite che stretta, sempre il giusto, svolge la funzione degli elastici.

Il ferma ago è un accessorio in più, monouso, acquistabile separatamente alla macchinetta come tutto il resto (aghi, puntali, elastici ecc). È in materiale plastico e va inserito sulla barra dell'ago tra il puntale e il gommino ferma ago. C'è chi preferisce utilizzarlo, ricercando una ancora maggiore stabilità dell'ago.

La bustina copri macchinetta ha anch'essa una funzionalità importante. Vi si inserisce la macchinetta all'interno lasciando fuori l'impugnatura del puntale. Va fermata con un elastico ed evita che inchiostro e secrezioni della pelle finiscano sulla macchinetta.

A questo punto non resterà altro da fare che regolare la macchinetta. Per quanto riguarda quella a bobine, si provvederà a stringere o allentare la molla anteriore tramite la vite di contatto.

Per la macchinetta rotativa basterà trovare la giusta regolazione tramite la ruota numerata di regolazione diretta.

Regolare La Macchinetta

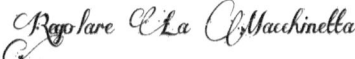

- a bobine -

La macchinetta a bobine è più difficile da tarare rispetto a quella rotativa. La regolazione avviene principalmente grazie alle molle. Quella posteriore si riferisce alla forza della macchinetta, mentre quella anteriore va a determinare la velocità.

È importante sapere che una macchinetta non tarata perfettamente può dare adito a lacerazioni cutanee o tatuaggi con linee scoppiate e riempimenti non uniformi. Necessario è quindi riuscire a trovare un giusto ciclo operativo. Il ciclo operativo è la percentuale di tempo in cui l'ago rimane sottocute e nel puntale. La giusta percentuale si aggira attorno al 50%.

Le linguette vengono misurate in base a quattro parametri:
- La lunghezza della molla che altro non è che una linguetta in metallo. La lunghezza non si riferisce alla lunghezza totale della linguetta ma dall'attacco della linguetta al corpo macchina fino alla vite di contatto;
- La larghezza;
- Lo spessore;
- L'angolatura (angolo di deflezione) della linguetta. Quella della molla posteriore determinerà la fuoriuscita dell'ago (lunghezza del colpo).

Variare i parametri di una linguetta, significa modificare il settaggio della macchinetta da tattoo.

Le linguette andranno a determinare quindi:
- Il voltaggio da usare;
- La velocità della macchinetta;
- La lunghezza del colpo.

Le macchinette da tatuaggio può essere regolata per funzionare come macchina da linea, da sfumatura e da riempimento. La differenza principale consiste nella velocità delle stesse in quanto, di solito, una macchinetta da linea è più veloce rispetto ad una da sfumatura.

Queste misurazioni avvengono tra la barra dell'indotto e le molle o tra la vite di contatto e le molle. Ovviamente non sono sufficienti la sola compressione della vite di contatto e la regolazione delle molle per tarare correttamente la macchinetta. Un altro fattore essenziale è il magnetismo dato dagli avvolgimenti delle bobine e, soprattutto, dal voltaggio.

Come sempre ribadito in questa guida, tutto si acquisisce attraverso tempo, esperienza e soprattutto errori. Non ti spaventare quindi se non riuscirai subito a tarare correttamente la macchinetta. Prova diverse regolazioni e sperimenta su pelle sintetica o sugli altri supporti che ti ho consigliato. Ti renderai conto di aver regolato bene il tutto quando la superficie non si rovinerà risultando ruvida e consumata, il colore prenderà bene ed omogeneamente e non avrai bisogno di ripassare una linea più e più volte.

Conclusioni

Con questa breve guida, hai a disposizione tutte le informazioni necessarie per iniziare a fare pratica con i primi tatuaggi, mi raccomando, non ancora su pelle viva!

Sarei lieta far avere, successivamente, una visione completa non solo di quella che è la pratica, ma anche di ciò che riguarda lo studio della pelle, il supporto su cui noi tatuatori disegniamo e di quello che c'è da sapere nel momento in cui si decide di aprire finalmente il proprio studio di tatuaggi.

Scrivendo mi sono resa conto che, nonostante queste informazioni siano ormai diventate per me pane quotidiano, non fa mai male andarle a rivedere.

Le informazioni presenti in questa guida sono frutto della mia esperienza e della mia pratica, di ciò che ho acquisito grazie al corso di formazione che ho seguito e di quello che in passato ho letto a spezzoni da diverse fonti che, se ricordassi, trascriverei.
Ho voluto mettere tutto ciò che so su quest'argomento in un unico posto per permettere a chi come me vuole vivere in questo mondo, di capirlo appieno e senza troppe difficoltà.

L'arte del tatuaggio è, a mio parere, una cosa che può essere insegnata solo in parte. Ogni singolo elemento del materiale che viene utilizzato in questa pratica può essere adattato e cambiato secondo le proprie esigenze e preferenze. Per questo motivo ho cercato di attenermi a spiegazioni molto tecniche e di proporre, ove possibile, diverse opzioni tra cui scegliere.
Ho talvolta indicato le mie preferenze perché, nonostante questa guida si proponga di illustrare in modo tecnico le fondamenta utili per approcciarsi al tatuare, ho voluto inserire un pizzico di lato umano, quello che si ricerca quando, trovatisi spaesati di fronte a nuove cose da imparare, ci si appoggia a qualcuno che ci insegni.

L'ultimo consiglio che ti voglio dare è di non scoraggiarti di fronte alle prime, inevitabili, difficoltà. Se senti che tatuare è la tua passione o può diventare tale, continua a provare e, in caso di errore, cerca un approccio o una tecnica diversa.

www.ingramcontent.com/pod-product-compliance
Lightning Source LLC
Chambersburg PA
CBHW030535220526
45463CB00007B/2851